Pour –
De la part de –

Autres livres de la collection "Les Livres-à-aimer"

A la femme que j'aime
A l'homme que j'aime
A toi que j'aime
Bonjour bébé
Pour un couple extraordinaire
Pour une maman extraordinaire
Pour un papa extraordinaire
Pour une belle-maman extraordinaire
Pour une fille extraordinaire
Pour un fils extraordinaire
Pour une sœur extraordinaire
Pour un frère extraordinaire
Pour une grand-mère extraordinaire
Pour un grand-père extraordinaire
Pour une petite-fille extraordinaire
Pour un petit-fils extraordinaire
Pour une marraine extraordinaire
Pour une tante extraordinaire
Joyeux anniversaire (jeunes adultes)
Anniversaire extraordinaire (40 ans)
Anniversaire extraordinaire (60 ans)
Vœux de bonheur
Pour une amie extraordinaire
Dans des moments difficiles
Joyeux Noël
Merci à une maman extraordinaire
Merci à un papa extraordinaire
Merci à un ami extraordinaire

13, rue de Genval B-1301 Bierges
Tél. : 32-(0)2-654.05.02 • Fax: 32-(0)2-652.18.34
Textes choisis par Helen Exley et Bernadette Thomas
Illustrations: Juliette Clarke
Imprimé en Chine
ISBN 2-87388-264-6 DL/7003/2002/21
12 11 10 9 8 7 6 5 4 3 2 1

Pour des

JEUNES MARIÉS
Extraordinaires

Ce que je vous souhaite le plus,
c'est l'intuition amoureuse,
cette capacité de lire dans le cœur
et les pensées de l'autre avec amour
et compréhension; je vous souhaite
aussi de vous aider mutuellement
à réaliser vos rêves.

AQUARELLES DE JULIETTE CLARKE

UN LIVRE-CADEAU HELEN EXLEY

EXLEY
PARIS • LONDRES

UNE NOUVELLE VIE

A en croire les gens, le mariage est la fin de tout, comme dans une comédie. Mais c'est justement le contraire : le mariage est le début de tout.

ANNE-SOPHIE SWETCHINE

...

Le mariage est une affaire sérieuse, mais l'amour est gai, il change le gris de la vie en or.

MIRIAM OSBORNE

...

Le mariage est le lieu où l'on peut enfin se mettre à l'aise, enlever ses chaussures trop étroites et s'habiller confortablement.

ANNELOU DUPUIS

...

Le mariage réunit deux lignes fractionnées en une seule. Il donne une mission à deux vies sans but, et double la force de chacun pour la mener à bien ; il donne à deux êtres en quête de sens une raison de vivre.

MARK TWAIN (1835-1910)

...

Le regard paisible qu'échangent un mari et une femme confiants est comme un premier moment de repos, un refuge pour abriter une grande lassitude ou un grand danger.

GEORGE ÉLIOT (1819-1880)

...

Le mariage est fondé sur les mathématiques car, d'un seul coup, il divise de moitié tous les problèmes. Les joies partagées se multiplient au-delà de toute espérance, les responsabilités sont divisées et la perception doublée.

ANNELOU DUPUIS

A UN MARIAGE HEUREUX !

On ressent un réel bien-être dans un mariage heureux, une certitude, une confiance résistant à toutes perturbations. Puissent les prochaines années vous rapprocher toujours davantage. Puissent-elles vous donner satisfactions et aventure, surprises et paix.

ANNELOU DUPUIS

...

Que ce mariage ait le goût du vin et du halva,
du miel qui se dissout dans le lait.
Que ce mariage soit les feuilles et les fruits d'un dattier.
Que ce mariage soit femmes qui rient ensemble
pendant des jours entiers.
Que ce mariage soit signe que nous pouvons étudier.
Que ce mariage soit beauté.
Que ce mariage soit lune dans un ciel bleu clair.
Que ce mariage soit silence et esprit entièrement confondus.

RUMI, ÉCRIT POUR LE MARIAGE DE SON FILS

...

Que les faveurs des dieux comblent tous tes désirs !
Qu'ils te donnent l'époux, une maison, l'union des cœurs.
Il n'est rien de meilleur, ni de plus précieux que l'accord,
au foyer, de tous les sentiments entre mari et femme.
Au grand dépit des jaloux et à la grande joie des amis,
sur le bonheur parfait du couple, ils en savent
plus que quiconque.

HOMÈRE (8e SIÈCLE AVANT J.-C.), « *ODYSSÉE* »

JE TE PROMETS…

Je mêle mon souffle à ton souffle
Que nos jours soient longs sur cette terre
Et que les jours de notre peuple soient longs
Puissions-nous n'être qu'un
Et achever la route ensemble

CHANSON INDIENNE

…

Où tu iras, j'irai, où tu demeureras,
je demeurerai ; ton peuple sera mon peuple
et ton Dieu sera mon Dieu.

LE LIVRE DE RUTH 1, 16

…

Mon amour, viens vivre avec moi
Nous découvrirons de nouvelles joies
Celles des ruisseaux de cristal, des plages dorées,
Avec des lignes de soie, des hameçons argentés.

JOHN DONNE (1572-1631)

…

Se voir le plus possible et s'aimer seulement
Sans ruse et sans détours, sans honte ni mensonge,
Sans qu'un désir nous trompe, ou qu'un remords nous ronge
Vivre à deux et donner son cœur à tout moment.

ALFRED DE MUSSET (1810-1857)

...

Aimer, c'est se surpasser.

OSCAR WILDE (1854-1900), *« LE PORTRAIT DE DORIAN GRAY »*

...

Le couple heureux qui se reconnaît dans l'amour défie l'univers et le temps, il se suffit, il réalise l'absolu.

SIMONE DE BEAUVOIR

JOUR DE NOCES !

Je crois que je n'avais aucune inquiétude en quittant l'autel par la nef centrale de l'église. J'étais très heureuse. C'est le plus grand rêve de tout le monde de trouver une personne que vous aimez et qui vous aime.

TIPPER GORE

...

Où serions-nous sans mariages ? Ils fleurissent dans les paysages les plus désolés, cadeaux d'espoir et de courage dans un monde fatigué, de foi et d'amour pour un monde meilleur.

CHARLOTTE GRANIER

...

Que ce jour soit parfait
ou approche de la perfection !
Qu'importe si le voile nuptial prend des allures
un peu désinvoltes, ou si une mèche de cheveux
s'en échappe.
Qu'importe si la voiture est coincée dans la circulation.
Ou si le curé semble avoir attrapé un mauvais rhume.
Qu'importe si l'orgue joue dans un bruit de soufflerie,
si les petits pages se trémoussent et si le garçon
d'honneur tripote l'alliance.
Vos regards se croisent, et tout le reste devient
sans importance.
Plus tard, vous vous rappellerez ces instants et
vous en rirez ensemble. Mais aujourd'hui, ces détails
sont sans importance.
L'amour transforme tout.
Même le chapeau de tante Jeanne.

LISA ROCHAMBEAU-LAPIERRE

...

Je t'aime avec le souffle, les sourires,
les larmes de tout mon être !

ÉLIZABETH BARRETT BROWNING (1806-1861)

...

Nous ne sentirons plus la pluie à présent
car chacun de nous sera abri pour l'autre.
Nous ne sentirons plus le froid à présent
car nous serons source de chaleur pour l'autre.
Nous ne serons plus seuls à présent
car chacun de nous sera compagnon de l'autre.
Il n'y a qu'une vie unique devant nous
et nos saisons seront longues et bonnes.

TIRÉ D'UNE BÉNÉDICTION NUPTIALE APACHE

C'est ce que j'apporte aujourd'hui,
Cela et mon cœur aussi
Cela, mon cœur et toutes les prairies,
Et toute l'immensité des champs.
Assure-toi de compter ces merveilles,
Quelqu'un pourrait le dire au soleil,
Et mon cœur, et toutes les abeilles
Qui dans le trèfle veillent.

ÉMILY DICKINSON (1830-1886)

...

Aime-moi les mains tendues
Librement, ouvertement.

ÉLIZABETH BARRETT BROWNING (1806-1861)

RIEN QUE DE L'AMOUR

Le coup de foudre est essentiellement
une illusion, deux cœurs qui transforment
la réalité en rêve.
Mais l'amour lui est réalité, c'est accepter,
chérir, se délecter des aspects singuliers qui font
d'un homme et d'une femme ce qu'ils sont.

ODILE DORMEUIL

Aimer n'est rien. Être aimé est une chose.
Aimer et être aimé est tout.

T. TOLIS

...

Seul l'amour est capable d'unir les êtres humains de manière à les réaliser et les épanouir pleinement, car lui seul les prend et les réunit par ce qu'ils ont de plus profond en eux-mêmes.

PIERRE TEILHARD DE CHARDIN (1881-1955)

...

L'amour est semblable à une mine où l'on descend toujours plus profondément. Il y a des passages, des grottes, des strates entières. On peut y découvrir des ères géologiques au complet.

CHRISTOPHER ISHERWOOD

...

Rien n'est aussi bien dans la vie que le mariage des âmes vraies d'un homme et d'une femme. D'aussi bien ? C'est l'essence même de la vie.

PEARL BUCK (1892-1973)

La clef de voûte de tout mariage tient
en un mot : « NOUS ».

ODILE DORMEUIL

...

Le magicien Amour connaît ce petit tour par lequel deux personnes vont dans des directions différentes tout en restant côte à côte.

HUGH PRATER

...

L'existence entière tient dans la magie de n'être indispensable qu'à une personne.

V. PUTNAM

...

Il faut beaucoup de courage pour montrer
ses rêves à quelqu'un d'autre.

ERMA BOMBECK

...

Vous serez à ce point unis que lorsque
l'un pleurera, l'autre aura un goût de sel
dans la bouche.

PROVERBE

...

L'amour est cet état dans lequel
le bonheur de l'autre est
essentiel à son propre bonheur.

ROBERT HEINLEIN

...

C'EST FRAGILE

Un mariage où non seulement le respect mais aussi la passion est toujours ravivée est, j'en suis convaincu, la plus parfaite forme de bonheur terrestre. Mais il faut beaucoup de soins pour garder cette plante délicate vivante.

FRANCES BROOKE

...

A l'intérieur de chaque alliance, je voudrais faire graver ces mots : « Soyez bons l'un envers l'autre ». C'est la Règle d'Or du mariage et le secret qui permet à l'amour de traverser les années.

RANDOLPH RAY

...

Tout mariage durable implique un engagement inconditionnel vis-à-vis d'un être imparfait.

GARY SMALLEY, « *L'AMOUR EST UNE DÉCISION* »

…

C'est dans la conscience d'être faits l'un pour l'autre et dans la juste compréhension de la fidélité que réside le caractère sacré et la beauté du mariage ; cela nous aide à supporter plus facilement les peines, à goûter doublement au bonheur et à atteindre le plein épanouissement de notre être.

FANNY LEWALD (1811-1889)

…

Alors, malgré votre amour des montagnes, n'oubliez pas ceux qui restent dans la plaine; n'oubliez pas de revenir souvent. Et puisque je vous ai parlé de montagnes, puisqu'aujourd'hui vous vous êtes encordés pour la vie, mon souhait est que la corde qui vous lie soit longue, élastique et éternellement solide.

JEAN-MARIE MOLS
au mariage de sa deuxième fille

…

Ah oui vraiment !

Pour que dans mon mariage

Amour rime avec toujours,

si j'ai tord, je le reconnais,

si j'ai raison, je me tais.

LAETICIA BARSACQ

...

EXCUSE-MOI

Dans le mariage le mot magique c'est «excuse-moi».

Quand il est de mauvais poil, ronchon, le visage fermé,

et qu'il va gâcher toute notre journée,

je lui dis «excuse-moi» ...

une longue pause... «veux-tu un peu de café ?».

Il fond, s'excuse; l'amour a gagné.

CHANTAL DESMARAIS

...

Certains pensent que c'est amusant

de vivre seul.

Moi, je crois au mariage et au bien-être

d'avoir une épouse.

C'est vrai qu'on peut se quereller

de temps en temps.

Mais cela vaut la peine de se disputer

pour se réconcilier.

CHANSON POPULAIRE

...

Le grand secret d'un mariage réussi est de prendre toute catastrophe comme un incident et de ne considérer aucun incident comme une catastrophe.

HAROLD NICHOLSON

...

Un mariage heureux est une union entre deux êtres qui savent pardonner.

RUTH BELL GRAHAM

...

UNIFIÉ

On ne peut connaître un mariage heureux sans divorcer de soi-même. Un mariage réussi exige de mourir un peu à soi-même.

JERRY McCANT

...

Un mariage solide ne peut se fonder sur un « On verra bien combien de temps cela marchera », mais uniquement sur un « Cela va marcher entre nous ».

JENNY DE VRIES

...

S'abandonner à soi et à l'autre est intentionnel. C'est le résultat d'une volonté libre et non encombrée.

GÉRALD MAY

...

L'amour vous fera découvrir non seulement
la profondeur, la largeur et la hauteur de l'être
aimé… mais aussi les vôtres.

ANNELOU DUPUIS

…

Deux personnes qui se sont choisies parmi toutes les autres, dans l'intention de se prodiguer mutuellement réconfort et plaisir, se sont engagées par cet acte à être joviales, affables, discrètes, indulgentes, patientes et joyeuses à l'égard des faiblesses et des qualités de l'autre, jusqu'à leur dernier jour.

JOSEPH ADDISON (1672-1719)

…

Ils ne peuvent être unis pour l'éternité ceux qui ne sont pas morts l'un pour l'autre.

COVENTRY PATMORE (1823-1896),
« *LE ROUGE, LA RACINE ET LA FLEUR* »

…

ENSEMBLE POUR TOUJOURS

Plus que tout, garde précieusement dans ton cœur l'amour que tu reçois. Il survivra longtemps après que ton or et ta santé t'aient fait faux bond.

OG MANDINO

...

... L'amour excuse tout, il croit tout, il espère tout, il supporte tout. L'amour ne meurt jamais...

I CORINTHIENS XIII, 7-8

...

Un mariage heureux est une longue conversation qui semble toujours trop courte.

ANDRÉ MAUROIS (1885-1967)

...

Daigne avoir pitié d'elle et de moi
Et nous mener ensemble à la vieillesse.

TOBIE VIII LA TOMBE, 7

...

POUR LA VIE

Vous irez de surprise en surprise.
Car vous avez à peine commencé
à vous connaître. Que le voyage soit
plein d'émerveillements, de rires,
de compassion et de bonne camaraderie.

JENNY DE VRIES

...

Il est adorable de voir mari et femme sentir renaître l'impression de tomber amoureux. C'est le vrai sens du mariage. S'aider à atteindre le véritable statut d'être humain, responsable, autonome et qui ne fuit pas devant la vie.

PAUL TOURNIER (1898-1986)

...

Je crois qu'un homme et une femme doivent se choisir pour la vie, pour la simple raison qu'une longue vie, avec tous les accidents qu'elle réserve, suffit à peine à se comprendre l'un l'autre et, dans ce cas, comprendre veut dire aimer.

JOHN BUTLER YEATS (1865-1939)

...

Prenez-vous par la main, regardez-vous dans les yeux. Chaque année, vous en apprendrez plus sur l'autre et vous vous aimerez plus profondément.

CAROLINE RAMUZ

...